AUTORES:

JOSÉ MARÍA CAÑIZARES MÁRQUEZ
CARMEN CARBONERO CELIS

# COLECCIÓN: MANUALES PARA EL PROFESORADO DE EDUCACIÓN FÍSICA EN LA EDAD ESCOLAR

# LA EDUCACIÓN FÍSICA EN EL SISTEMA EDUCATIVO DESDE EL SIGLO XVI A LA ACTUALIDAD

**WANCEULEN**
EDITORIAL DEPORTIVA

## COLECCIÓN MANUALES PARA EL PROFESORADO DE EDUCACIÓN FÍSICA EN LA EDAD ESCOLAR

## LA EDUCACIÓN FÍSICA EN EL SISTEMA EDUCATIVO DESDE EL SIGLO XVI A LA ACTUALIDAD

**AUTORES**

**José Mª Cañizares Márquez**

- Catedrático de Educación Física
- Tutor del Módulo del Practicum del Master de Secundaria
- Especialista en preparación de opositores
- Autor de numerosas obras sobre Educación y Preparación Física

**Carmen Carbonero Celis**

- D. E. A. en Instituciones Educativas
- Licenciada en Pedagogía
- Maestra de Primaria y Secundaria en centros de Educación Compensatoria
- Didacta presencial del Módulo de Pedagogía General en el CAP
- Profesora de Pedagogía Terapéutica en Centro Educación Primaria

**Título:** LA EDUCACIÓN FÍSICA EN EL SISTEMA EDUCATIVO DESDE EL SIGLO XVI A LA ACTUALIDAD

**Autores:** José Mª Cañizares Márquez y Carmen Carbonero Celis

**Editorial:** WANCEULEN EDITORIAL DEPORTIVA, S.L.

C/ Cristo del Desamparo y Abandono, 56   41006 SEVILLA

Dirección web: www.wanceulen.com

I.S.B.N. (PAPEL): 978-84-9993-499-0

I.S.B.N. (EBOOK): 978-84-9993-525-6

Dep. Legal:

© Copyright: WANCEULEN EDITORIAL DEPORTIVA, S.L.

Primera Edición:   Año 2016

Impreso en España:

Reservados todos los derechos. Queda prohibido reproducir, almacenar en sistemas de recuperación de la información y transmitir parte alguna de esta publicación, cualquiera que sea el medio empleado (electrónico, mecánico, fotocopia, impresión, grabación, etc), sin el permiso de los titulares de los derechos de propiedad intelectual. Cualquier forma de reproducción, distribución, comunicación pública o transformación de esta obra solo puede ser realizada con la autorización de sus titulares, salvo excepción prevista por la ley. Diríjase a CEDRO (Centro Español de Derechos Reprográficos, www.cedro.org) si necesita fotocopiar o escanear algún fragmento de esta obra.

# ÍNDICE

INTRODUCCIÓN ..................................................................................................... 7

**1. LA EDUCACIÓN FÍSICA EN EL SISTEMA EDUCATIVO.** ............................... 9

**2. OBJETIVOS Y CONTENIDOS DEL ÁREA DE EDUCACIÓN FÍSICA.** ........... 15

    2.1. Objetivos. ................................................................................................ 16

        2.1.1. Contribución de los objetivos del Área de Educación Física a los de la Etapa Primaria. ............................................................................. 18

        2.1.2. Contribución del área de educación física al desarrollo de las competencias clave. ............................................................................. 19

    2.2. Contenidos. ............................................................................................. 21

        2.2.1. Secuenciación de contenidos. ..................................................... 23

**3. EVOLUCIÓN Y DESARROLLO DE LAS FUNCIONES ATRIBUIDAS AL MOVIMIENTO COMO ELEMENTO FORMATIVO.** ............................................. 23

**CONCLUSIONES** ............................................................................................... 28

**BIBLIOGRAFÍA** .................................................................................................. 28

**WEBGRAFÍA** ..................................................................................................... 31

**INTRODUCCIÓN.**

El título de este Tema se contesta, prácticamente, con el desarrollo y aplicación del R. D. 126/2014 y de los decretos y órdenes de las distintas CC. AA. En nuestro caso, nos centramos en el de Andalucía, D. 97/2015, de 13 de marzo, por el que se establece la ordenación y currículo de las enseñanzas correspondientes a la Educación Primaria de Andalucía, B.O.J.A. nº 50 de 13/03/2015. También en la Orden de 17 de marzo de 2015, por la que se desarrolla el currículo correspondiente a la Educación Primaria en Andalucía, B.O.J.A. nº 60, de 27/03/2015. Asimismo, debemos señalar a la O. ECD/65/2015, de 21 de enero, que describe las relaciones entre competencias, contenidos y criterios de evaluación en Primaria, BOE nº 25 de 29/01/2015.

*"La finalidad de la Educación Primaria es facilitar a los alumnos y alumnas los aprendizajes de la expresión y comprensión oral, la lectura, la escritura, el cálculo, la adquisición de nociones básicas de la cultura, y el hábito de convivencia así como los de estudio y trabajo, el sentido artístico, la creatividad y la afectividad, con el fin de garantizar una formación integral que contribuya al pleno desarrollo de la personalidad de los alumnos y alumnas y de prepararlos para cursar con aprovechamiento la Educación Secundaria Obligatoria"* LOMCE/2013.

Históricamente numerosos autores han profundizado sobre los objetivos y contenidos de la Educación Física, desde Luis Vives en el siglo XVI a Augusto Pila en el siglo XX, pasando por Amorós, Jovellanos, Pastor, Becerra, Trapiella, Cagigal...

En las últimas décadas del siglo XX hay que destacar la Ley General de Educación (1970), que expresa el carácter obligatorio de la Educación Física en todos los niveles educativos, la Ley de Cultura Física y el Deporte (1980), que ratifica a la anterior y la L.O.G.S.E. (1990), que intenta adecuar la educación de los escolares a la sociedad de finales del siglo XX. En abril de 2006 se aprueba la L.O.E. y en Andalucía se publica la Ley 17/2007, de 10 de diciembre, de Educación (L. E. A.), B. O. J. A. nº 252, de 26/12/2007.

Ya la L.O.G.S.E. dio a la educación física un tratamiento curricular equiparable a la de cualquier otra área y la L. O. E. lo ratificó. Antes, por desgracia, era calificada como "maría" (Blázquez, 2001). Esto es un hecho innegable, además de que desarrolló un marco psicopedagógico más acorde con lo que debe ser el proceso de enseñanza y aprendizaje, así como las funciones que se les asignan a los protagonistas de dicho proceso (Hernández y Velázquez 2004).

En todo caso, el currículo que la Administración educativa presenta supone una relación de **intenciones** para que el alumnado las consiga, como consecuencia de la intervención educativa (Zagalaz, Cachón y Lara, 2014).

Independientemente de todo lo anterior, en Primaria debemos tener en cuenta qué es lo que nuestro alumnado ha hecho en la etapa anterior y lo que harán en Secundaria.

Históricamente al movimiento se le han dado múltiples **funciones**, que siguen de actualidad, y que los docentes no debemos desaprovechar.

## 1. LA EDUCACIÓN FÍSICA EN EL SISTEMA EDUCATIVO.

Definimos a Educación Física siguiendo a Contreras, (2004), *"Es educar a través de la motricidad. El movimiento no hay que entenderlo como movilización mecánica de segmentos corporales, si no como la expresión de percepciones y sentimientos, de tal manera que el movimiento consciente y voluntario es un aspecto significativo de la conducta humana".*

El Sistema Educativo viene definido en la propia LOMCE/2013, en su art. 2 bis:

1. *"A efectos de esta Ley Orgánica, se entiende por Sistema Educativo Español el conjunto de Administraciones educativas, profesionales de la educación y otros agentes, públicos y privados, que desarrollan funciones de regulación, de financiación o de prestación de servicios para el ejercicio del derecho a la educación en España, y los titulares de este derecho, así como el conjunto de relaciones, estructuras, medidas y acciones que se implementan para prestarlo".*

2. *"Las Administraciones educativas son los órganos de la Administración General del Estado y de las Administraciones de las Comunidades Autónomas competentes en materia educativa."*

Siguiendo a la LOMCE/2013, Educación Física es un "**área del bloque de asignaturas específicas**" durante los seis cursos de la etapa. Hay también un bloque de asignaturas **troncales** y otro de asignaturas **específicas**. En el mismo sentido se expresa la O. de 17/03/2015, sobre el desarrollo del currículo en Andalucía.

El R. D. 126/2014, indica que "los elementos curriculares de la programación de la Educación Física pueden estructurarse en torno a cinco situaciones motrices diferentes":

*a) Acciones motrices individuales en entornos estables.* Por ejemplo, actividades relacionadas con el esquema corporal, atletismo, natación, etc.

*b) Acciones motrices en situaciones de oposición.* Por ejemplo, actividades de uno contra uno, como tenis de mesa.

*c) Acciones motrices en situaciones de cooperación, con o sin oposición.* Por ejemplo, iniciación a deportes de equipo, como fútbol-7.

*d) Acciones motrices en situaciones de adaptación al entorno físico.* Por ejemplo, marcha en naturaleza, esquí, etc.

*e) Acciones motrices en situaciones de índole artística o de expresión.* Por ejemplo, las actividades de expresión corporal, las danzas, juego dramático, etc.

*La propuesta curricular de la Educación Física debe permitir organizar y secuenciar los aprendizajes que tiene que desarrollar el alumnado de Educación Física a lo largo de su paso por el sistema educativo, teniendo en cuenta su momento madurativo del alumnado, la lógica interna de las diversas situaciones motrices, y que hay elementos que afectan de manera transversal a todos los bloques como son las capacidades físicas y las coordinativas, los valores sociales e individuales y la educación para la salud.*

Para analizar la **evolución histórica** de la Educación Física en España, seguimos la línea expuesta por Piernavieja (1963) hasta los años sesenta del pasado y siglo, y por Zagalaz (2001), Chinchilla y Zagalaz (2002), Fernández Truán (2005),

Paredes (2003), Torrebadella (2013), Zagalaz, Cachón y Lara (2014) y González y Lleixá -coords.- (2015), para periodos posteriores.

Modificando y actualizando a Fernández Truán (2005), dividimos la **evolución** de la Educación Física en el Sistema Educativo en tres grandes periodos, cada uno con una serie de etapas, como podemos observar en esta tabla:

| PERIODO | ETAPAS SEGÚN AÑOS | SIGLOS |
|---|---|---|
| 1 | ANTECEDENTES LEJANOS DE LA ED. FÍSICA ESCOLAR | S. XVI - XIX |
| 2 | ANTECEDENTES PRÓXIMOS DE LA ED. FÍSICA ESCOLAR<br>1º Parte: 3 etapas: 1806 a 1961<br>2ª Parte: 2 etapas: 1961 a 1990 | S. XIX – XX |
| 3 | ACTUALIDAD.<br>1ª Politización de la enseñanza. 1990 a 2013<br>2ª Politización de la enseñanza. 2013 a 2016… | S. XX - XXI |

**1º Periodo. Antecedentes lejanos. Siglos XVI a XIX.**

Hasta el siglo XVIII la educación en general en toda Europa era exclusiva de la clase elitista y no existía un modelo curricular. Hasta entonces podemos **destacar** a:

**Siglo XVI**

- Luis Vives (1492-1540).- Ensalza al ejercicio físico con finalidad educativa y no militar.
- Cristóbal Méndez (1500-1553 aprox.)- Estudia el ejercicio físico y el juego, sobre todo el de pelota, como elemento decisivo para la salud del practicante.

**Siglos XVI a XVIII**

- Juan de Mariana (1535-1624).- Jesuita. Indica que la educación debe ir dirigida a mejorar la fuerza del cuerpo y del alma.

A partir de 1759 el Estado asume las competencias educativas como servicio al ciudadano, frente a la autoridad que hasta entonces tenía la iglesia. Pablo de Olavide (1725-1803), ministro de Carlos III, es decisivo. Ya a finales del siglo hay muchos sectores que defienden la incorporación de la educación física al sistema educativo. Destacamos a:

- Melchor de Jovellanos (1744-1810).- Autor especializado en la educación del cuerpo, ensalza a los juegos populares y preconiza un trabajo "natural" basado en careras, saltos, lanzamientos, etc.

Los niveles sociales más elitistas, comienzan a asumir la práctica de actividades físicas como símbolo de distinción, apropiándose de su control organizativo para reglamentarlas y regularlas según sus ideales basados en ideologías altruistas como el "fair-play", caballeresco, o el "amateurismo"; todo lo cual situaba a las clases populares fuera de la órbita del interés y la motivación hacia la práctica de las actividades físico-deportivas.

A finales del siglo XVIII aparecen corrientes de opinión que consideran a la educación como un **derecho** indiscutible de todos los ciudadanos y a través de ellas descubrirán el valor educativo, formativo y social de la práctica de actividades físicas como excelente medio para el logro de disciplina, control, hábitos de esfuerzo, superación, juego limpio, respeto por el perdedor, etc. Esto favorece que desde muchos ámbitos se defendiese su **incorporación** a los ámbitos educativos, con un sentido de utilidad higienista y médico, que mejorase las condiciones de vida de todos los ciudadanos.

Este periodo se caracterizará en nuestro país, por los constantes intentos legislativos de los sucesivos gobiernos, para intentar incorporar y normalizar la práctica obligatoria de la "Gimnástica" en los planes educativos y que está muy influida por las Gimnasia Sueca y Alemana.

### 2º Periodo. Antecedentes próximos. Siglos XIX y XX.

Piernavieja (1963), establece **dos** grandes segmentos. El **primero** (1806-1961), que lo titula como "**antecedentes próximos de la educación física escolar**", tiene tres etapas. El **segundo** comienza con la publicación de la Ley Elola (1961). Otros autores completan este segundo compuesto por dos etapas y añaden un tercer segmento (1961-1990).

**1º Parte:**

1ª Etapa: desde 1806 a 1879. Se inaugura Instituto Pestalozziano, dirigido por Amorós. A partir de aquí aparecen los gimnasios donde se hacen, sobre todo, acrobacias. Esto dio lugar a que en 1861 se publicase una Real Orden incorporando la gimnasia en los colegios de Segunda Enseñanza, así como la creación de los espacios adecuados, aunque en realidad no se construyeron gimnasios escolares. En este periodo destacan estos autores:

- Francisco Amorós (1767-1848).- Funda el Real Instituto Militar Pestalozziano de Madrid. Este centro es de los primeros dedicados a la preparación de alumnos con especialización en la Gimnástica. Es de gran contenido militar y, al huir a Francia, incorpora allí sus enseñanzas.

- Francisco de Aguilera (1817-1867).- Su trabajo, influido por Amorós, se centra en que la Gimnástica tuviese peso en la enseñanza y sociedad de su tiempo.

- Nicomedes Pastor Díaz (1811-1863).- Por primera vez incluye la Gimnástica como disciplina escolar, aunque más tarde el ministro de Instrucción Pública, Juan Bravo Murillo, la anula.

- Eduardo Chao (1821-1887).- Elabora el "Plan de Segunda Enseñanza". Aquí se establecen las cátedras de "Gimnástica Higiénica" para impartir clase en los Institutos.

- Manuel Becerra y Bermúdez (1823-1896).- Promueve la Educación Física con tintes de "gimnasia militar", a nivel político, en el Congreso. Se sirve de las comparaciones con otros países europeos más desarrollados.

A partir de la fundación de la Institución Libre de Enseñanza (I.L.E.) en 1876, surgen en nuestro país sectores sociales que desean **modificar** la consideración existente sobre la práctica de la Gimnástica, y que adoptan la Educación Física como una de sus prioridades educativas para favorecer la salud de las clases populares.

2ª Etapa: desde 1879 hasta la Guerra Civil. En 1879, la Proposición de Ley del 10 de Julio, declara obligatoria la Gimnasia Higiénica en los Institutos de Segunda Enseñanza y en las Escuelas Normales de Maestros. Se crean la E. Central de

Gimnástica (1887) y la E. Central de Gimnasia del Ejército (1919). Ya en 1933 la Escuela de Educación Física de la U. de Madrid (hoy U. Complutense).

Durante el siglo XIX cabe destacar también que, salvo excepciones, la gimnasia va dirigida al varón, al contrario que en otros países europeos. No obstante, en los primeros JJ.OO. de Atenas-1896, también todas las pruebas eran masculinas debido a que el barón Pierre de Coubertin no creía en el binomio mujer-deporte. Después cedió a que participase en pruebas muy concretas. Destacamos a:

- Álvaro de Figueroa y Torres, Conde de Romanones (1863-1950). Establece el R.D. de 1901 donde figura la Gimnasia como una asignatura más, obligatoria, en los seis años de Bachillerato. La imparten los profesores de Gimnasia. Esta realidad llega hasta la Guerra Civil.

3ª Etapa: desde la Guerra Civil a la Ley Elola (1961). En 1938, dentro de la zona franquista, se promulga la ley que introduce a la gimnástica como asignatura obligatoria en Bachillerato. Finalizada la guerra, la enseñanza de la gimnástica es asumida por el Frente de Juventudes. La Ley Elola Olaso (1961), inicia el 2º Periodo.

**2º Parte:**

1ª Etapa: desde Ley Elola (1961) hasta la Constitución (1978). La Ley 77/61 (Ley Elola) sobre Educación Física, de 23/12/1961, crea los INEFs, (1ª Promoción, 1967-1971) aunque dependiente de la D.N.D. Se inicia el camino de la normalización, que culmina con la LOGSE. En los sesenta comienza la expansión económica que consolida las estructuras de **clubes deportivos** como unidad asociativa. Sigue sin existir currículum oficial, por lo que en centros masculinos se enseña deporte y se practica la "gimnasia militar-analítica" y en los femeninos la "rítmica y juegos populares". Pero la Ley Elola recoge que la Educación Física es una materia fundamental y obligatoria en la enseñanza. Con la Ley General de Educación (1970), que indica la **obligatoriedad** de la Educación Física en todos los niveles educativos, se inicia el proceso de cambio definitivo de la "Gimnasia" hacia la "Educación Física".

2ª Etapa: desde la Constitución (1978) hasta la LOGSE (1990). Este periodo se identifica por la aprobación de la Constitución (1978) y los ayuntamientos democráticos. Supone un profundo cambio político que también afecta al ámbito educativo. La Educación Físico-deportiva pasa a ser un derecho de todos los españoles y una preocupación constante en todos los programas de actividades ciudadanas. Aparecen campañas publicitarias de "Deporte para Todos"; "Andar y Trotar", "Haga usted Deporte", etc. Los ayuntamientos inician las Escuelas Deportivas Municipales, las de Actividades Físicas para Adultos y Tercera Edad, etc., que amplían la oferta de actividades extraescolares como complemento a las enseñanzas lectivas.

Poco a poco va desterrándose la idea de la "gimnasia sueca" y sus "tablas" y empiezan a entrar nuevas corrientes, como la Psicomotricidad/Psicocinética, la Educación Física de Base, la Gimnasia Natural Austríaca, la Corriente Expresiva, la Condición Física con el "Concepto Rendimiento", el "Método Pila Teleña" con su Concepto Multideportivo y, al final del período, los "Juegos Alternativos", entre otros. **Destacamos** a:

- **Ley General de Educación** (1970). Respalda el carácter obligatorio de la asignatura en todos los niveles de la enseñanza (Ley Villar Palasí).

- **Ley de Cultura Física y el Deporte** (1980). Refrenda la obligatoriedad anterior, actualiza y normaliza su estatus. Deja muy claro que su ordenación corresponde al Ministerio de Educación.

- La Ley Orgánica 8/1985, de 3 de julio, reguladora del derecho a la educación (**L.O.D.E.**), desarrolla la Constitución de 1978 y reconoce el derecho a la educación de todos los españoles, sin exclusión.

- En **Europa**, las investigaciones sobre la motricidad tuvieron gran importancia durante el siglo XX. El detonante fueron, entre otras, las teorías de Wallon y Piaget. A partir de aquí surgieron numerosos estudios e investigaciones. Ajuriaguerra y Le Boulch son dos de los múltiples ejemplos.

- En 1980 se promulga la Ley General de Cultura Física y del Deporte, que reconoce el nivel universitario de los estudios de la E. Física. Todos los cambios se concretan en la **L.O.D.E.**/1985 y la **L.O.G.S.E.**/1990, donde el área de E. Física se reconoce y consolida como materia común en todas las etapas, siendo parte fundamental de la educación integral. El concepto anterior de **educación física/rendimiento** deja paso al de **educación física/salud**.

### 3º Periodo. Actualidad. Politización de la enseñanza (1990-2016...)

1ª Politización de la enseñanza (1990-2013).

- El **siglo XX** termina con la publicación de la LOGSE/1990 y los diferentes documentos legislativos que la desarrollan. El Decreto 105/1992 y la Orden 05/11/1992, son lo dos grandes referentes legislativos de la Etapa Primaria en Andalucía, para desarrollar la LOGSE/1990.

- El **siglo XXI** se inicia con la Ley Orgánica 10/2002, de 23 de diciembre, de Calidad de la Educación (**L.O.C.E./2002**), B. O. E. nº 307, de 24/12/2002, promovida por el gobierno del P. Popular. Tuvo una presencia poco significativa, fundamentalmente por motivos políticos. La sustituye cuatro años después la **L.O.E./2006**, propiciada por el gobierno socialista.

- La Ley Orgánica 2/2006, de 3 de mayo, de Educación (**L.O.E.**) es publicada en el B.O.E. nº 106, de 04/05/2006, tras muchas vicisitudes. Se publica el R.D. 1513/2006, de 7 de diciembre, que la desarrolla, por el que se establecen las Enseñanzas Mínimas de la Educación Primaria, B.O.E. nº 293, de 8/12/2006. En Andalucía se publica el Decreto 230/2007, de 31 de julio, por el que se establece la ordenación y las enseñanzas correspondientes a la Educación Primaria en Andalucía, B.O.J.A. nº 156, de 08/08/2007 y la Orden de 10 de agosto de 2007, por la que se desarrolla el currículo correspondiente a la Educación Primaria en Andalucía, BOJA nº 171, de 30/08/2007. **Destacamos** algunos detalles:

    - La L.O.E./2006 incluye a las **Competencias Básicas** (CC. BB., hoy "*competencias clave*") como **nuevos componentes del currículum**, por cuanto debe permitir caracterizar de manera precisa los contenidos básicos que debe alcanzar todo el alumnado al final de la Educación Básica (Contreras, 2010).
    - La contribución del Área de Educación Física al logro de las Competencias.
    - La importancia que la sociedad actual da al cuerpo.
    - El área de Educación Física tiene la responsabilidad de formar al alumnado para que tenga un ocio responsable y constructivo y para mejorar su calidad de vida.

- Los ejes básicos de la acción educativa son el cuerpo y el movimiento.
- El valor que tiene el juego a la hora de relacionarse con los demás en un marco de participación e integración.
- Conocimiento corporal vivenciado, así como sus posibilidades lúdicas, expresivas y de comunicación.
- Ligazón entre el desarrollo motor, cognitivo, afectivo y social.
- La educación corporal incluye a lo perceptivo-motor, expresión, comunicación, afectividad y a los aspectos cognitivos.
- Progresión en la construcción de la habilidad motriz desde las perceptivas a las específicas o deportivas, pasando por las básicas.
- Atención a la diversidad.
- Metodología lúdica, individualizada, activa y cooperativa, atendiendo a la evolución e intereses del alumnado.
- Conseguir hábitos saludables duraderos sobre alimentación, conservación del medio ambiente, relación de trabajo/descanso, higiene corporal, etc.
- Evitar la discriminación y la formación de estereotipos sexistas.
- El juego y el deporte como formas más habituales de entender la Educación Física, de ahí que debamos aprovecharlo. Precisamente, la O. de 06/04/2006 de la C. E. J. A. regula la organización y funcionamiento de los centros docentes públicos autorizados para participar en el programa "**El deporte en la escuela**". Por su parte, la O. 03/08/2010, regula los servicios complementarios de la enseñanza de aula matinal, comedor escolar y actividades extraescolares en los centros docentes públicos, así como la ampliación de horario. BOJA núm. 158 de 12/08/2010.

- Debemos nombrar la **Ley 17/2007**, de 10 de diciembre, de Educación de Andalucía (**L.E.A.**), B.O.J.A. nº 252, de 26/12/07, que regula las materias no básicas de la L.O.E. y que son competencias de la Comunidad. De su lectura se desprenden detalles tales como mejorar la calidad del sistema educativo, dotarlo de los medios necesarios para alcanzar los objetivos educativos que se ha trazado la Unión Europea y el Programa Nacional de Reformas de España. Pretende ser un impulso para la modernización de la Educación que ya está en marcha, como el Plurilingüismo, la incorporación de las TIC y la expansión del Plan de Apertura de los Centros. Por otro lado, también hay que destacar la autonomía pedagógica y organizativa de los centros.

- También es preciso señalar el Decreto 328/2010, de 13 de julio, por el que se aprueba el ROF, BOJA nº 139, y la Orden de 20 de agosto de 2010, por la que se regula la organización, funcionamiento y horarios de los centros, BOJA nº 169, de 30/08/2010.

- La enseñanza apoyada en medios **multimedia** está presente en nuestras escuelas desde los primeros años del siglo XXI. Podemos considerarlo como un aprendizaje emergente que se desarrolla y multiplica cada curso. Algunos ejemplos son las plataformas educativas, las e-learning, las WebQuest, los Blogs, las "wikis", etc.

- Vizuete (2002) señala, como prospectiva sobre el futuro de la Educación Física en la Unión Europea, la necesidad de otorgar un mayor peso en los currícula hacia contenidos relacionados con la salud y la calidad de vida, orientado desde una formación de valores.

### 2ª Politización de la enseñanza (2013-2016...)

Es opinión generalizada que la enseñanza, en todos sus niveles, está muy **politizada**. Cada autonomía tiene competencias para adaptar el currículo general, en un porcentaje variable a las características de la misma, pero en muchas ocasiones ésta se hace casi total.

Cada partido político tiene su "propia ley" y, en este sentido, tras la victoria en las urnas del P. Popular en 2011, surge una nueva ley, la LOMCE/2013 o "Ley Wert".

- Como **respuesta política** al anterior gobierno y a su ley educativa (LOE/2006), se publica la Ley Orgánica 8/2013 de 9 de diciembre, para la Mejora de la Calidad Educativa (L.O.M.C.E.), conocida también como "ley Wert" (BOE nº 295, de 10/12/2013). En realidad, y siguiendo a su "*artículo único*" (pág. 97866), se trata de una **modificación** de una serie de artículos de la LOE/2006). Provoca numerosas protestas, huelgas, manifestaciones, etc. Fue **recurrida**, entre otros por el gobierno de Andalucía, al Tribunal Constitucional aunque con **resultado negativo**. Se desarrolla por el R. D. 126/2014, de 28 de febrero, por el que se establece el currículo básico de Educación Primaria.

La polémica que causa esta ley en la sociedad se ve acusada por mor de la crisis económica. Muchos planes y programas educativos que impulsó la L.O.E./2006 se vieron recortados y suspendidos. En realidad se trata de una modificación de determinados artículos de la LOE/2006 y producto de ello se publica la "**LOE refundida**" o "**texto consolidado**", a fecha de 29/07/2015 (última actualización).

En cualquier caso, no debemos olvidar una **innovación y reconocimiento** a lo que representa nuestra área, por lo expresado por la LOMCE/2013, en su disposición adicional cuarta sobre "*promoción de la actividad física y dieta equilibrada*". "*Las administraciones educativas adoptarán medidas para que la **actividad física y la dieta equilibrada** formen parte del comportamiento infantil y juvenil. A estos efectos, dichas Administraciones promoverán la **práctica diaria de deporte y ejercicio físico** por parte de los alumnos y alumnas durante la jornada escolar, en los términos y condiciones que, siguiendo las recomendaciones de los organismos competentes, garanticen un desarrollo adecuado para favorecer una vida activa, saludable y autónoma. El diseño, coordinación y supervisión de las medidas que a estos efectos se adopten en el centro educativo, serán asumidos por el **profesorado con cualificación** o especialización adecuada en estos ámbitos*".

## 2. OBJETIVOS Y CONTENIDOS DEL ÁREA DE EDUCACIÓN FÍSICA.

Si aplicamos al área lo que el R. D. 126/2014 indica de forma general, el **currículo** de Educación Física está compuesto por el conjunto de competencias clave, **objetivos, contenidos**, métodos pedagógicos, los estándares y resultados de aprendizajes evaluables y criterios de evaluación del grado de adquisición de las competencias y del logro de los objetivos del área. Este mismo R. D. define el currículo como "*la regulación de los elementos que determinan los procesos de enseñanza y aprendizaje para cada una de las enseñanzas y etapas educativas*".

## 2.1. OBJETIVOS.

Los objetivos son las **intenciones** que sustentan el diseño y la realización de las actividades necesarias para la consecución de las grandes finalidades educativas, nos guían los procesos de enseñanza-aprendizaje, y nos ayudan en la organización educativa. También podemos entenderlos como los **cambios** esperados en el comportamiento del alumnado como consecuencia de la actividad docente y son la guía del proceso de enseñanza-aprendizaje. El R.D. 126/2014, los define como *"referentes relativos a los logros que el alumno debe alcanzar al finalizar el proceso educativo, como resultado de las experiencias de enseñanza-aprendizaje intencionalmente planificadas a tal fin"*. En suma, un objetivo describe la **conducta que esperamos obtener** de un alumno al término de un periodo de enseñanza: etapa, ciclo, curso, unidad o sesión. Están muy vinculados a las competencias, criterios de evaluación y resultados de aprendizaje (Zagalaz, Cachón y Lara, 2014).

El alumnado debe conseguirlos a lo largo de la Etapa y son específicos del área, siendo responsables los maestros y maestras especialistas que la impartan (Viciana, 2002). Los objetivos que indica para el área/asignatura de Educación Física, la O. 17/03/2015, por la que se desarrolla el currículo correspondiente a la Educación Primaria en Andalucía, BOJA nº 60, de 27/03/2015, son:

*O.EF.1. Conocer su propio cuerpo y sus posibilidades motrices con el espacio y el tiempo, ampliando este conocimiento al cuerpo de los demás.*

*O.EF.2. Reconocer y utilizar sus capacidades físicas, habilidades motrices y conocimiento de la estructura y funcionamiento del cuerpo para el desarrollo motor mediante la adaptación del movimiento a nuevas situaciones de la vida cotidiana.*

*O.EF.3. Utilizar la imaginación, creatividad y la expresividad corporal a través del movimiento para comunicar emociones, sensaciones, ideas y estados de ánimo, así como comprender mensajes expresados de este modo.*

*O.EF.4. Adquirir hábitos de ejercicio físico orientados a una correcta ejecución motriz, a la salud y al bienestar personal, del mismo modo, apreciar y reconocer los efectos del ejercicio físico, la alimentación, el esfuerzo y hábitos posturales para adoptar actitud crítica ante prácticas perjudiciales para la salud.*

*O.EF.5 Desarrollar actitudes y hábitos de tipo cooperativo y social basados en el juego limpio, la solidaridad, la tolerancia, el respeto y la aceptación de las normas de convivencia ofreciendo el diálogo en la resolución de problemas y evitando discriminaciones de género, culturales y sociales.*

*O.EF.6. Conocer y valorar la diversidad de actividades físicas, lúdicas, deportivas y artísticas como propuesta al tiempo de ocio y forma de mejorar las relaciones sociales y la capacidad física y además teniendo en cuenta el cuidado del entorno natural donde se desarrollen dichas actividades.*

*O.EF.7. Utilizar las TIC, como recurso de apoyo al área, para acceder, indagar y compartir información relativa a la actividad física y el deporte.*

Entendemos que toda persona opositora en esta especialidad debe saber y dominar los objetivos de área, porque en realidad es lo que el conjunto de su alumnado debe conseguir al final de la etapa. No obstante, los autores tenemos experiencia en el sentido que algunos de nuestros preparados prefieren, a la hora de memorizarlos, partir de un recordatorio "flash" o palabras clave similares al que ahora exponemos, y que le recuerden el enunciado de los mismos, de ahí que lo incluyamos para ayudar al estudio.

| Nº | OBJETIVO |
|---|---|
| O.EF.1 | Conocimiento corporal, espacial y temporal en sí mismo y los demás. |
| O.EF.2 | Usar capacidades físicas y habilidades motrices para adaptar el movimiento a cada situación. |
| O.EF.3 | Usar expresión corporal en la comunicación. |
| O.EF.4 | Actividad física para el bienestar, higiene, alimentación, hábitos posturales y saludables. |
| O.EF.5 | Participar en actividades físicas cooperando y respetando a los demás, uso del juego limpio y evitar cualquier discriminación. |
| O.EF.6 | Diversidad de actividades para el tiempo de ocio, las relaciones y cuidado del entorno. |
| O.EF.7 | Uso de las TIC para conocer la actividad física y deporte. |

Independientemente de ello, el D. 97/2015, de 3 de marzo, BOJA nº 50, de 13/03/2015, por el que se establece la ordenación y el currículo de la educación Primaria en la comunidad Autónoma de Andalucía, nos indica sobre la etapa Primaria:

**Art. 4. Objetivos**:

*La Educación Primaria contribuirá a desarrollar en el alumnado las capacidades, los hábitos, las actitudes y los valores que le permitan alcanzar, además de los objetivos enumerados en el artículo 17 de la Ley Orgánica 2/2006, de 3 de mayo, los siguientes:*

*a) Desarrollar la confianza de las personas en sí mismas, el sentido crítico, la iniciativa personal, el espíritu emprendedor y la capacidad para aprender, planificar, evaluar riesgos, tomar decisiones y asumir responsabilidades.*
*b) Participar de forma solidaria, activa y responsable, en el desarrollo y mejora de su entorno social y natural.*
*c) Desarrollar actitudes críticas y hábitos relacionados con la salud y el consumo responsable.*
*d) Conocer y valorar el patrimonio natural y cultural y contribuir activamente a su conservación y mejora, entender la diversidad lingüística y cultural como un valor de los pueblos y de las personas y desarrollar una actitud de interés y respeto hacia la misma.*
*e) Conocer y apreciar las peculiaridades de la modalidad lingüística andaluza en todas sus variedades.*
*f) Conocer y respetar la realidad cultural de Andalucía, partiendo del conocimiento y de la comprensión de la misma como comunidad de encuentro de culturas.*

**Art. 5, punto 5,** *sobre determinación y principios para la determinación del currículo en Andalucía:*

*La Educación Primaria contribuirá a desarrollar en el alumnado las capacidades que le permita alcanzar, además de los objetivos enumerados en el artículo 17 de la ley Orgánica 2/2006, de 3 de mayo, los siguientes:*

*a) La prevención y resolución pacífica de conflictos, así como los valores que preparan al alumnado para asumir una vida responsable en una sociedad libre y democrática.*
*b) La adquisición de hábitos de vida saludable que favorezcan un adecuado bienestar físico, mental y social.*
*c) La utilización responsable del tiempo libre y del ocio, así como el respeto al medio ambiente.*

*d) La igualdad efectiva entre mujeres hombres, la prevención de la violencia de género y la no discriminación por cualquier condición personal o social.*
*e) El espíritu emprendedor a partir del desarrollo de la creatividad, la autonomía, la iniciativa, el trabajo en equipo, la autoconfianza y el sentido crítico.*
*f) La utilización adecuada de las herramientas tecnológicas de la sociedad del conocimiento.*

Estos son los llamados "**objetivos de Andalucía**", que deben **citar** quienes opositen en esta Comunidad. A cada uno podemos contribuir desde nuestra área. Por ejemplo, a través del juego, de las actividades en el medio natural, de la expresión corporal y del juego popular, tradicional y autóctono.

### 2.1.1. CONTRIBUCIÓN DE LOS OBJETIVOS DEL ÁREA DE EDUCACIÓN FÍSICA A LOS DE LA ETAPA PRIMARIA.-

Todas las áreas tienen que contribuir para conseguir al final de la Etapa Primaria el nivel adecuado de las CC. Clave y los objetivos mínimos propuestos por la Consejería (Expósito, 2010). En este y otros temas comentamos la importancia e influencia del Área de Educación Física en puntos tan transcendentales como son los aprendizajes **básicos** escolares, las **relaciones** socio-afectivas, los **hábitos** saludables, etc. (Rodríguez García, 2006).

De los catorce Objetivos de Etapa, ponemos algunos ejemplos donde se aprecia claramente esta contribución (R. D. 126/2014):

- Objetivo de etapa "**k**": "*Valorar la higiene y la salud, aceptar el propio cuerpo y el de los otros, respetar las diferencias y utilizar la educación física y el deporte como medios para favorecer el desarrollo personal y social*".

    o Está relacionado con el "**4**": "*Adquirir hábitos de ejercicio físico orientados a una correcta ejecución motriz, a la salud y al bienestar personal...*"

- Objetivo de etapa "**c**": "*Adquirir habilidades para la prevención y para la resolución pacífica de conflictos, que les permitan desenvolverse con autonomía en el ámbito familiar y doméstico, así como en los grupos sociales con los que se relacionan*".

    o Está conectado con el "**5**": "*Desarrollar actitudes y hábitos de tipo cooperativo y social basados en el juego limpio, la solidaridad, la tolerancia...*"

- Objetivo de etapa "**j**": "*Utilizar diferentes representaciones y expresiones artísticas e iniciarse en la construcción de propuestas visuales*".

    o Está relacionado con el "**3**": "*Utilizar la imaginación, creatividad y la expresividad corporal a través del movimiento para comunicar emociones...*"

Además, podemos citar al "**h**", sobre el conocimiento del entorno natural, social y cultural; el "**m**", sobre el desarrollo de las capacidades afectivas y las relaciones con los demás.

## 2.1.2. CONTRIBUCIÓN DEL ÁREA DE EDUCACIÓN FÍSICA AL DESARROLLO DE LAS COMPETENCIAS CLAVE.

El **enfoque** basado en las "competencias" es de reciente adopción en el currículum escolar y se corresponde con un planteamiento más amplio promovido desde los organismos educativos internacionales con el nombre de "***competencias clave***" (Pérez Gómez, 2007). La mirada competencial constituye una perspectiva vinculada al constructivismo, a las alternativas globalizadoras y a las técnicas para aprender a aprender (Sánchez Garrido y Córdoba, 2010). Desde este planteamiento, la educación debe contribuir a reforzar la competitividad y el dinamismo, así como la cohesión social (Blázquez, 2009). La competencia «supone una combinación de habilidades prácticas, conocimientos, motivación, valores éticos, actitudes, emociones, y otros componentes sociales y de comportamiento que se movilizan conjuntamente para lograr una acción eficaz». Se contemplan, pues, como conocimiento en la práctica, es decir, un conocimiento adquirido a través de la participación activa en prácticas sociales y, como tales, se pueden desarrollar tanto en el contexto educativo formal, a través del currículo, como en los contextos educativos no formales e informales (O. ECD/65/2015).

La legislación de referencia, como la LOMCE/2013, indica que las competencias "*son capacidades para aplicar los contenidos con el fin de lograr la realización de actividades y la resolución de problemas*". Precisamente, el R.D. 126/2014 se "*basa en la potenciación del aprendizaje por competencias, integradas en los elementos curriculares para propiciar una renovación en la práctica docente y en el proceso de enseñanza y aprendizaje*". "*La competencia supone una combinación de habilidades prácticas, conocimientos, motivación, valores éticos, actitudes, emociones y otros componentes sociales y de comportamiento que se movilizan conjuntamente para lograr una acción eficaz*".

"*El **trabajo por competencias** se basa en el diseño de tareas motivadoras para el alumnado que partan de situaciones-problema reales y se adapten a los diferentes ritmos y estilos de aprendizaje de cada alumno y alumna, favorezcan la capacidad de aprender por sí mismos y promuevan el trabajo en equipo, haciendo uso de métodos, recursos y materiales didácticos diversos*" (O. 17/03/2015).

Este mismo R. D. 126/2014, indica que "*las competencias clave son aquellas que todas las personas precisan para su realización y desarrollo personal, así como para la ciudadanía activa, la inclusión social y el empleo».* Se identifican **siete competencias clave** *esenciales para el bienestar de las sociedades europeas, el crecimiento económico y la innovación, y se describen los conocimientos, las capacidades y las actitudes esenciales vinculadas a cada una de ellas*". "*El aprendizaje basado en competencias se caracteriza por su transversalidad, su dinamismo y su carácter integral*".

En otras palabras, los **aprendizajes imprescindibles** que debe tener el alumnado al final de Secundaria (Contreras y Cuevas, 2011), o como la O. ECD/65/2015 indica: "*las competencias clave son aquellas que todas las personas precisan para su realización y desarrollo personal, así como para la ciudadanía activa, la inclusión social y el empleo*". En cambio, Zabala Y Arnau (2007) consideran competencia "*cualquier acción eficiente a la hora de resolver problemas en situaciones y contextos determinados*".

Así pues, los objetivos, y también el resto de los componentes curriculares, están muy relacionados con las CC. Clave, de ahí la inclusión de este apartado del Tema.

| RELACIÓN ENTRE LAS COMPETENCIAS Y EL ÁREA DE ED. FÍSICA. CONCEPTOS "CLAVE" |
|---|
| **1.º Comunicación lingüística.** |
| Importancia para el conocimiento del lenguaje específico de los términos físicos y deportivos. Posibilidad de infinidad de intercambios comunicativos. |
| **2.º Competencia matemática y competencias básicas en ciencia y tecnología** |
| Mejora de esta competencia por la práctica de los contenidos propios del área. Por ejemplo: dominio del espacio y nociones de orden, líneas, formas volumétricas, figuras, conteo, cantidades, cálculos porcentuales y operaciones matemáticas de distancias, datos estadísticos, etc. Adaptación del propio cuerpo al medio. Conocimiento de la naturaleza y su interacción. |
| **3.º Competencia digital.** |
| Habilidades necesarias para buscar, seleccionar, tratar y transformar la información en Internet y otros medios multimedia, de una forma objetiva y productiva, para que dominen el conocimiento de forma autónoma, funcional y segura. Crear conocimiento en diferentes lenguajes, realizar proyectos, solucionar problemas y tomar decisiones en entornos digitales, producir conocimiento y publicarlo a través de uso de herramientas de edición digital, usar las TIC como instrumento creativo y de innovación, Trabajar con eficacia con contenidos digitales en contextos virtuales de enseñanza – aprendizaje, etc. |
| **4.º Aprender a aprender.** |
| Habilidades para iniciarse en el aprendizaje y ser capaz de continuar aprendiendo de manera cada vez más eficaz y autónoma habilidades más complejas. Adquirir conciencia de las propias capacidades (físicas, intelectuales, emocionales), del proceso y las estrategias necesarias para desarrollarlas, así como de lo que se puede hacer por uno mismo y de lo que se puede hacer con ayuda de otras personas o recursos. Conocer sus potencialidades y carencias, sacando provecho de las primeras y teniendo motivación y voluntad para superar las segundas desde una expectativa de éxito, aumentando progresivamente la seguridad para afrontar nuevos retos de aprendizaje. Por ejemplo, en aprender juegos, deportes, estrategias para la mejora de la condición física-salud, etc. genera autoconfianza. |
| **5.º Competencias sociales y cívicas.** |
| Relacionarse con los demás a través del juego en grupo, por lo que trabajamos las percepciones corporales, espaciales y temporales, además de valores como respeto, interrelación, cooperación y solidaridad. En suma, las habilidades sociales y el respeto a las reglas y a los demás. Cumplir las normas de los juego supone la aceptación de códigos de conducta para la convivencia, acudiendo al diálogo cuando ocurra algún conflicto. La actividad física como medio de prácticas para un estilo de vida saludable. Crítica a los malos hábitos de sedentarismo, alcohol, tabaco, etc. |
| **6.º Sentido de iniciativa y espíritu emprendedor.** |
| Auto superación y actitud positiva en la organización actividades. Toma de decisiones de forma autónoma. |
| **7.º Conciencia y expresiones culturales.** |
| Posibilidades y recursos corporales: expresión corporal, danza, deportes, juegos populares, tradicionales y otros. Valoración de la diversidad cultural. El fenómeno deportivo como espectáculo: reflexión y análisis crítico a la violencia que en él se produce. |

*Para una adquisición eficaz de las competencias y su integración efectiva en el currículo, deberán diseñarse actividades de aprendizaje integradas que permitan al alumnado avanzar hacia los resultados de aprendizaje de más de una competencia al mismo tiempo.*

*Se potenciará el desarrollo de las competencias Comunicación lingüística, Competencia matemática y competencias en ciencia y tecnología"* (R.D. 126/2014).

Las competencias deben estar **integradas** en las áreas o materias y explicitarse y **desarrollarse** suficientemente los resultados de aprendizaje que el alumnado debe conseguir (O. ECD/65/2015).

## 2.2. CONTENIDOS.

Se refiere a los objetos de enseñanza-aprendizaje que la sociedad considera útiles y necesarios para promover el desarrollo personal y social del individuo. En realidad, son informaciones que permitirán, una vez comprendidas, dominadas y practicadas, alcanzar los objetivos propuestos.

La **LOMCE/2013** los define como *"conjunto de conocimientos, habilidades, destrezas y actitudes que contribuyen al logro de los objetivos y la adquisición de competencias. Se ordenan en asignaturas..."*

Podemos resumir que "es la **materia** que debemos enseñar" o los "medios para hacer realidad a los objetivos". En cualquier caso, los contenidos dejan de tener **fin en sí mismos** y se convierten en los medios para conseguir los objetivos propuestos.

Su referente es **qué enseñar**, la **materia**, temas o nociones, en orden ascendente y progresivo (Gil, 2007). El docente presenta agrupados los que considera más apropiados para desarrollar las capacidades indicadas en los objetivos. Tras la publicación de la LOE/2006, pasaron a ser el **tercer elemento curricular**, tras las CC. Clave y los objetivos.

Viciana (2002), los define como *"un subconjunto de la realidad cultural total, seleccionados por las áreas curriculares y sus docentes para contribuir al desarrollo y consecución de los objetivos de etapa y área, a través de conceptos, procedimientos y actitudes desarrolladas en el medio escolar"*.

La legislación actual nos dice que su **tratamiento** es **globalizado**.

Con la presentación de los contenidos en agrupaciones, se pretende hacer una descripción de los aspectos relevantes que se tratarán en esta etapa (Fernández García -coord.-, 2002).

La O. 17/03/2015, por la que se desarrolla el currículo correspondiente a la Educación Primaria en Andalucía, BOJA nº 60, de 27/03/2015, indica que para **alcanzar las competencias** en el área de Educación física, los contenidos se **organizan** en torno a **cuatro bloques**:

- Bloque 1, *"El cuerpo y sus habilidades perceptivo motrices"*: desarrolla los contenidos básicos de la etapa que servirán para posteriores aprendizajes más complejos, donde seguir desarrollando una amplia competencia motriz. Se trabajará la autoestima y el autoconocimiento de forma constructiva y con miras a un desarrollo integral del alumnado.

- Bloque 2, *"La Educación física como favorecedora de salud"*: está centrado en la consolidación de hábitos de vida saludable, de protocolos de seguridad antes, durante y después de la actividad física y en la reflexión cada vez más autónoma frente a hábitos perjudiciales. Este bloque tendrá un claro componente transversal.

- **Bloque 3**, "*La Expresión corporal: expresión y creación artística*": se refiere al uso del movimiento para comunicarse y expresarse, con creatividad e imaginación.

- **Bloque 4**, "*El juego y el deporte escolar*": desarrolla contenidos sobre la realización de diferentes tipos de juegos y deportes entendidos como manifestaciones culturales y sociales de la motricidad humana. El juego, además de ser un recurso recurrente dentro del área, tiene una dimensión cultural y antropológica.

Cada uno de los tres ciclos tiene 105 horas totales, que en la práctica se traducen en dos sesiones de cuarenta y cinco minutos cada una a la semana, en cada uno de los seis cursos. En otros centros se programa una hora/semana en el 1º curso del ciclo y dos horas/semana en 2º curso del ciclo.

En cualquier caso, todas las **programaciones** de todas las áreas incluirán actividades en las que el alumnado deberá **leer**, **escribir** y **expresarse** de forma oral (D. 328/2010).

En la siguiente tabla vemos un resumen "flash" relacionando cada bloque con los contenidos más concretos a tratar, por si la persona lectora desea estudiarlo mejor así.

| BLOQUE | RESUMEN DE CONTENIDOS |
|---|---|
| 1. El cuerpo y sus habilidades perceptivo motrices. | Sensomotricidad. Esquema corporal. Lateralidad. Relajación. Respiración. Postura. Equilibrio. Percepción de espacio y tiempo. Habilidades y destrezas básicas. Problemas motores. Condición física como factor de ejecución de la habilidad motriz. |
| 2. La Educación física como favorecedora de la salud. | Higiene. Alimentación. Normas y seguridad en uso de los recursos. Prevención lesiones. Postura. Calentamiento. Relajación |
| 3. La expresión corporal: expresión y creación artística. | Expresión corporal. Ritmo. Juego corporal. Baile. |
| 4. El juego y el deporte escolar | Juego en general: simple, popular, etc. Iniciación deportiva: estrategias, normas, esfuerzos, etc. |

Independientemente de ello, el D. 97/2015, de 3 de marzo, BOJA nº 50, de 13/03/2015, por el que se establece la ordenación y el currículo de la Educación Primaria en la comunidad Autónoma de Andalucía, nos indica en su art. 5, punto 6:

El currículo incluirá **contenidos propios de Andalucía**, relacionados con:

a) El conocimiento y el respeto a los valores recogidos en el Estatuto de Autonomía para Andalucía.

b) El medio natural, la historia, la cultura y otros hechos diferenciadores de nuestra Comunidad para que sean conocidos, valorados y respetados como patrimonio propio, en el marco de la cultura española y universal.

## 2.2.1. SECUENCIACIÓN DE CONTENIDOS.

*"La secuenciación es el ordenamiento de los contenidos de menor a mayor dificultad, así como la prioridad en el tratamiento de unos con respecto a otros para facilitar su captación o dominio al alumnado"* (Gil, 2007).

La lógica interna del Área va a determinar el orden de trabajo de los contenidos:

- De movimientos con menos elementos coordinativos a otros más complejos.
- Priorizar las habilidades básicas antes que las genéricas y específicas.
- Pasar del juego simple a otros de índole deportiva.
- Priorizar las habilidades perceptivas más básicas antes que otras más compuestas.

Zagalaz, Cachón y Lara (2014), añaden:

- Respetar el momento evolutivo y de desarrollo físico propio de cada uno de los cursos
- Adecuar los contenidos a las experiencias previas del alumnado
- Mantener las secuencias de aprendizaje específicas de los contenidos incluidos en cada uno de los bloques del área

La O. 17/03/2015, por la que se desarrolla el currículo correspondiente a la Educación Primaria en Andalucía, BOJA nº 60, de 27/03/2015, expone para cada bloque y ciclo un ejemplo de secuenciación de contenidos.

En cualquier caso, debemos secuenciarlos siguiendo estas pautas:

- De los más generales a los más específicos.
- De los más concretos a los más abstractos.
- De los más simples a los más complejos.

## 3. EVOLUCIÓN Y DESARROLLO DE LAS FUNCIONES ATRIBUIDAS AL MOVIMIENTO COMO ELEMENTO FORMATIVO.

Las **funciones del movimiento**, es decir, ¿para qué nos sirve el movimiento?, son variables y dependen de las **intenciones** educativas que cada educador considere más interesante en cada **momento**.

**Movimiento** significa **cambio**, **variación** y **desplazamiento** del todo corporal o de sus partes. La energía para realizarlo proviene de la **fuerza muscular** que se produce en la **contracción**.

La **evolución** de las funciones a lo largo de la Historia podemos **resumirla** en los siguientes parámetros (Zagalaz, 2001), Blázquez (2001) y (Paredes, 2003):

- **Edad Antigua.-**
    - CIVILIZACIONES PRIMITIVAS.
        - F. bio-existencial desde el origen humano para cubrir los requisitos más primarios de subsistencia. Correr, nadar, trepar, lanzar y uso de armas rudimentarias para caza y pesca.
        - F. espiritual y mística, magia para invocar espíritus para la caza

- F. relacional, a través de danza vincularse con los demás
- CIVILIZACIÓN CHINA.
  - F. bélica, como preparación militar
  - F. terapéutica para curación de enfermedades y malformaciones
  - F. educativa, destinada a la nobleza. Se sistematiza. Tiene objetivos.
  - F. lúdica como forma de ocupar el tiempo libre: juegos, ritmo, danza.
- CIVILIZACIÓN EGIPCIA.
  - F. religiosa como expresión de su espiritualidad
  - F. bélica
  - F. recreativa y lúdica, con juegos muy diversos: pelota, esgrima, etc.
- CIVILIZACIÓN MESOPOTÁMICA.
  - F. agonística con juegos competitivos
  - F. bélica
- CIVILIZACIONES PRE-COLOMBINAS.
  - F. recreativa
  - F. agonística, con juegos de pelota
- GRECIA.
  - F. higiénica, terapéutica para prevenir y curar enfermedades y lesiones
  - F. axiológica, para la búsqueda de una moral orientada a la fuerza y belleza corporal
  - F. estética, para lograr la belleza corporal
  - F. agonística y competitiva. Juegos olímpicos.
  - F. lúdica
- ROMA.
  - F. recreativa, el circo y sus espectáculos
  - F. bélica, preparación para las conquistas

- **Edad Media.-**
  - F. bélica, sobre todo con vistas a la participación en las cruzadas. Armas
  - F. recreativa, juegos populares y torneos. Juegos de pelota.

- **Renacimiento.-**
  - F. lúdica. Juegos diversos
  - F. educativa. Juegos de carreras, natación…
  - F. higiénica, como fomento de la salud

- **Siglo XVIII.- Ilustración.**
    - F. pedagógica, el ejercicio físico es un medio educativo. Educación integral

- **Siglo XIX.- Era Gimnástica Moderna. Período de las Escuelas.**
    - Nacen los importantes métodos que conocemos como "Escuelas", iniciadores de la E. Física actual y de donde España toma sus referencias de base.
    - F. bélica en Francia y Alemania
    - F. biológica y de la postura en Suecia
    - F. pedagógica en Francia e Inglaterra
    - F. agonística en Inglaterra

- **Siglo XX.-**
    - Surgen los "Movimientos Gimnásticos", como evolución de las Escuelas
    - F. expresiva y estética, a través del Movimiento del Centro y Oeste
    - F. pedagógica con el Movimiento del Norte y Oeste
    - F. orgánica con el Movimiento del Norte y Oeste
    - F. agonística y competitiva con el Movimiento del Oeste y Olímpico
    - F. moral, sobre todo a través del Movimiento Olímpico

Ofrecemos a las personas que nos leen y que desean un **resumen** "tipo flash", una tabla con las diversas funciones vistas anteriormente y que nos dan servicio también otros temas, como el 1 y 16. En función de nuestras necesidades, podemos aumentar (difícilmente disminuir) sus contenidos.

| ÉPOCA | FUNCIÓN DEL MOVIMIENTO |
|---|---|
| Prehistoria | La lucha por la vida, espiritual, danza |
| Antigüedad, Lejano y Extremo Oriente | Religioso, terapéutico, guerrero, recreativo |
| Grecia, Atenas, Esparta | Ciudadano integral. Deporte (JJ. OO.) Educativo. Guerrero |
| Roma | Conquista (guerrero). Circo, profesionalismo |
| Edad Media (Feudalismo) | Caballeros. Lucha por ideales |
| Renacimiento: Humanismo, Filantropismo, Enciclopedismo | Ideales clásicos, vida natural. Ejercicio físico como agente Educativo |
| Moderno y Contemporáneo | La persona como unidad psicobiológica. Educación física realidad educacional. Salud y tiempo libre. Profesiones. |

En la actualidad, las funciones más significativas vienen recogidas por Delgado y Tercedor (2002), Martin (2009) y Zagalaz, Cachón y Lara (2014):

- **F. de Conocimiento**: la trabajamos en el bloque de contenidos de "El cuerpo y sus habilidades perceptivo motrices".
    - La persona se conoce a sí misma y al medio a través del movimiento
    - No desaprovechar la fuente de conocimiento que produce el

movimiento
- Esquema Corporal, lateralidad, relajación, etc.

- **F. de Organización de las Percepciones**: la trabajamos en el bloque de contenidos de "El cuerpo y sus habilidades perceptivo motrices".
    - Exploración y experimentación de las capacidades perceptivo motrices.
    - Descubrimiento de la percepción del espacio y del tiempo: percepción inmediata y representación mental.

- **F. Anatómico-Funcional**: la trabajamos en el bloque de contenidos de "Educación física como favorecedora de la Salud"
    - Mejora de la capacidad física y la eficiencia motriz.
    - En Primaria se plantea la mejora de la condición física como factor de ejecución de las habilidades motrices, pero siempre de modo saludable.

- **F. Higiénica**: la trabajamos en el bloque de contenidos de "Educación física como favorecedora de la Salud".
    - Mejora y conservación de la salud y prevención de enfermedades.
    - La actividad física como elemento imprescindible para tener una buena salud y mantener una calidad de vida aceptable.
    - Fomentar hábitos higiénicos, también con atención al contexto familiar.

- **F. Estética-Comunicativa**: la trabajamos en el bloque de contenidos de "Expresión y creación artística motriz". También a través de todos los demás bloques con el juego motor grupal, que es donde existe comunicación.
    - Búsqueda de la belleza corporal a través del movimiento.
    - Armonía y estética en la propia ejecución motriz.
    - La importancia que hoy día tiene en la estética de las personas las modas y los anuncios publicitarios, sobre todo en televisión.
    - A través de la actividad física en general y del juego en particular, niñas y niños tienen un instrumento ideal para comunicarse con los demás.

- **F. de Relación**: la trabajamos en todos los bloques
    - Se refiere a la posibilidad que tiene la persona de conectar con los demás a través del juego y otras actividades físicas.
    - A través de las actividades físicas se ponen en marcha mecanismos de cooperación y oposición así como una dinámica de relaciones planteadas dentro del dominio de la ubicación espacial y temporal.
    - El creciente fenómeno de la **inmigración** está configurando los nuevos escenarios sociales, culturales y también educativos. En estos momentos la educación en España está abordando uno de los retos más importantes de su historia: la inclusión de un alumnado cuya **diversidad cultural**, a todos los niveles (social, cultural, lingüístico y religioso), no era antes conocida (Leiva, 2012).

- **F. Agonista**: la trabajamos en el bloque de contenidos de "Juegos y deporte escolar".
    - Competir y superar dificultades a través del movimiento corporal.
    - Conocerse mejor poniéndose a prueba, bien contra otros bien contra sí mismo.
    - Es uno de los fundamentos del juego y del deporte.
    - No debemos dejar que el espíritu de triunfo perjudique las prácticas de nuestros escolares, en muchas ocasiones influenciados por el contexto familiar y la televisión, viéndose perjudicada una actividad que de por sí es noble y educativa.

- **F. Hedonista**: la trabajamos a través de todos bloques de contenidos.
    - La actividad física, sobre todo la lúdica, como medio de disfrute y placer.
    - El juego y el deporte por el simple hecho de gozar con su propia realización.
    - Hacer actividad física en libertad, elegida por uno mismo.

- **F. de Compensación**: la trabajamos a través de todos bloques de contenidos
    - Como elemento de resarcimiento ante las limitaciones del medio y el sedentarismo de la sociedad actual.
    - A través del movimiento se perciben nuevos espacios, conexiones, vivencias etc.
    - Importante en las personas con necesidades educativas especiales, que pueden encontrar en el movimiento una ayuda inestimable a sus dificultades.
    - Se pueden corregir determinadas deficiencias a través de la práctica de la actividad física de forma intencionada.

- **F. Catártica**: la trabajamos a través de todos bloques de contenidos
    - A través del ejercicio físico se liberan tensiones. Restablecimiento del equilibrio personal.
    - La salud considerada como forma de integración armónica de los distintos rasgos de la personalidad.

En la siguiente tabla vemos un resumen tipo "flash" con palabras clave, que puede ser una buena solución a la hora de recordarlas.

| FUNCIÓN | PALABRA-CLAVE |
|---|---|
| Conocimiento | Conocimiento esquema corporal y al medio |
| Organización de las percepciones | Percepción espacio/tiempo |
| Anatómico-funcional | Mejora aspectos óseo-muscular y orgánico |
| Higiénica | Salud e higiene |
| Estética-comunicativa | Belleza y comunicación con los demás |
| Relación | Contactos con los demás |
| Agonista | Superarse a sí mismo |
| Hedonista | Placer por el movimiento |
| Compensación | Respuesta ante la vida sedentaria |
| Catártica | Liberación de tensiones |

Podemos agrupar estas funciones hacia tres **orientaciones**:

- **Función físico-motriz**.- La Educación Física como desarrollo de las capacidades orgánico-biológicas-funcionales. El cuerpo como "instrumento".

- **Función psicomotriz**.- La Educación Física como medio de desarrollo de las capacidades intelectuales: lógicas, cognitivas, memorísticas, etc.

- **Función sociomotriz**.- La Educación Física como realidad social (deporte, juegos colectivos, etc.) y como medio de desarrollo de las capacidades sociales (comunicativas, expresivas...)

## CONCLUSIONES

En este Tema hemos visto cómo, tras un breve resumen histórico, está ubicada la Educación Física en el actual Sistema Educativo. Para ello hemos desglosado los objetivos del Área que hacen su aportación para conseguir los de Etapa, las competencias clave, los bloques de contenido y cómo el Área contribuye a su logro.

También hemos tratado las funciones del movimiento viendo su evolución histórica y centrándonos en las que hoy día se le reconocen.

## BIBLIOGRAFÍA

- BLÁZQUEZ, D. (2001). *La Educación Física*. INDE. Barcelona.
- BLÁZQUEZ, D. y SEBASTIANI, E. (2009). *Enseñar por competencias en Educación Física*. INDE. Barcelona.
- BLÁZQUEZ, D. (2013). *Diez competencias docentes para ser mejor profesor de Educación Física*. INDE. Barcelona.
- BOLÍVAR, A. (1992). *Los contenidos actitudinales en el currículo de la Reforma*. Escuela Española. Madrid.
- CAÑIZARES, J. Mª y CARBONERO, C. (2009a). *Currículum de Educación Física en Primaria. Aclaraciones terminológicas*. Wanceulen. Sevilla.
- CAÑIZARES, J. Mª y CARBONERO, C. (2009b). *Currículum de Educación Física en Primaria para Andalucía. Aclaraciones terminológicas*. Wanceulen. Sevilla.
- CHINCHILLA, J. L. y ZAGALAZ, M. L. (2002). *Didáctica de la Educación Física*. CCS. Madrid.
- CONTRERAS, O. (2004). *Didáctica de la Educación Física*. INDE. Barcelona.

- CONTRERAS, O. y CUEVAS, R. (2011). *Las Competencias Básicas desde la Educación Física*. INDE. Barcelona.
- CONTRERAS, R. O. (2010). *Las competencias del profesor de Educación Física*. INDE. Barcelona.
- CUÉLLAR, Mª J. y FRANCOS, Mª C. (2008). *Expresión y comunicación corporal*. Wanceulen. Sevilla.
- DELGADO, M. y TERCEDOR, P. (2002). *Estrategias de intervención en educación para la salud desde la Educación Física*. INDE. Barcelona.
- EXPÓSITO, J. (2010). *Educación Física en Primaria. La programación en la L. O. E.* Wanceulen. Sevilla.
- FERNÁNDEZ NARES, S. (1993). *La Educación Física en el Sistema Educativo español: currículum y formación del profesorado*. U. de Granada. Consejo General de C.O.P.L.E.F. de España. Granada.
- FERNÁNDEZ GARCÍA, E. -coord.-. (2002). *Didáctica de la Educación Física en la Etapa Primaria*. Síntesis. Madrid.
- FERNÁNDEZ TRUÁN, J.C. (2005). *Memoria Histórica de la Gimnástica a la Educación Física. La Educación Física en el Proceso Educativo*. Apuntes del curso. Infornet. Sevilla.
- GIL, P. (2003). *La programación de la Enseñanza en Educación Física*. En SÁNCHEZ, F. y FERNÁNDEZ, E. -coords.-. *Didáctica de la Educación Física*. Prentice Hall. Madrid.
- GIL, P. (2007). *Metodología didáctica de las actividades físicas, y recreativas*. Wanceulen. Sevilla.
- GONZÁLEZ, C. y LLEIXÁ, T. (2015). *Educación Física: complementos de formación disciplinar*. Graó. Barcelona.
- HERNÁNDEZ, J. L. y VELÁZQUEZ, R. (2004). *La evaluación en Educación Física*. Graó. Barcelona.
- HERNÁNDEZ VÁZQUEZ, J. L. (1996). *La construcción histórica y social de la Educación Física*. R. E. E. F. C. O. P. L. E. F. Madrid.
- JUNTA DE ANDALUCÍA (2010). *Orden de 03 agosto de 2010, por la que se regulan los servicios complementarios de la enseñanza de aula matinal, comedor escolar y actividades extraescolares en los centros docentes públicos, así como la ampliación de horario*. BOJA núm. 158 de 12/08/2010.
- JUNTA DE ANDALUCÍA (2010). Decreto 328/2010, de 13 de julio, por el que se aprueba el Reglamento Orgánico de las escuelas infantiles de segundo grado, de los colegios de educación primaria, de los colegios de educación infantil y primaria, y de los centros públicos específicos de educación especial. BOJA nº 139, de 16/07/2010.
- JUNTA DE ANDALUCÍA (2010). *Orden de 20 de agosto de 2010, por la que se regula la organización y el funcionamiento de las escuelas infantiles de segundo ciclo, de los colegios de educación primaria, de los colegios de educación infantil y primaria, y de los centros públicos específicos de educación especial, así como el horario de los centros, del alumnado y del profesorado*. BOJA nº 169, de 30/08/2010.
- JUNTA DE ANDALUCÍA (2007). *Ley 17/2007, de 10 de diciembre, de Educación de Andalucía (L. E. A.)*. B. O. J. A. nº 252, de 26/12/2007.
- JUNTA DE ANDALUCÍA (2006). *Orden de 06/04/2006 de la Consejería de Educación por la que se regula la organización y el funcionamiento de los centros docentes públicos autorizados para participar en el programa "El deporte en la escuela"*.
- JUNTA DE ANDALUCÍA (2007). Ley 17/2007, de 10 de diciembre, de Educación de Andalucía (L. E. A.). B. O. J. A. nº 252, de 26/12/07.
- JUNTA DE ANDALUCÍA (2015). *Orden de 17 de marzo de 2015, por la que se desarrolla el currículo correspondiente a la educación Primaria en Andalucía*. BOJA nº 60 de 27/03/2015.

- JUNTA DE ANDALUCÍA (2015). *Decreto 97/2015, de 3 de marzo, por el que se establece la ordenación y el currículo de la educación Primaria en la comunidad Autónoma de Andalucía.* BOJA nº 50 de 13/013/2015.
- JUNTA DE ANDALUCÍA (2010). *Decreto 328/2010, de 13 de julio, por el que se aprueba el Reglamento Orgánico de las escuelas infantiles de segundo grado, de los colegios de educación primaria, de los colegios de educación infantil y primaria, y de los centros públicos específicos de educación especial.* BOJA nº 139, de 16/07/2010.
- LEIVA, J. J. (2012). *Educación Intercultural y convivencia en la escuela inclusiva.* Ediciones Aljibe. Málaga.
- LLEDÓ, A. I. (2007). *Competencias Básicas y Currículo.* Revista "Andalucía Educativa", nº 60. Consejería de Educación y Ciencia.
- MARTÍN, F. J. (2009). *Competencias básicas y funciones de la Educación Física.* Revista Digital "Innovación y Experiencias Educativas. Granada.
- M.E.C. (2013). *Ley Orgánica 8/2013, de 9 de diciembre, para la mejora de la calidad educativa.* BOE Nº 295, de 10/12/2013.
- M.E.C. (2014). *R. D. 126/2014, de 28 de febrero, por el que se establece el currículo básico de la Educación Primaria.* B.O.E. nº 52, de 01/03/2014.
- M. E. C. (2006). *Ley Orgánica 2/2006, de 3 de mayo, de Educación (L. O. E.).* B. O. E. nº 106, de 04/05/2006, **modificada** en algunos artículos por la LOMCE/2013.
- M.E.C. (2015). *Orden ECD/65/2015, de 21 de enero, por la que se describen las relaciones entre las competencias, los contenidos y los criterios de evaluación de la educación primaria, la educación secundaria obligatoria y el bachillerato.* B.O.E. nº 25, de 29/01/2015.
- PAREDES, J. (2003). *Teoría del Deporte.* Wanceulen. Sevilla.
- PÉREZ GÓMEZ, A. (2007). *La naturaleza de las competencias básicas y sus implicaciones pedagógicas.* Cuadernos de Educación de Cantabria. Consejería de Educación del Gobierno de Cantabria. Santander.
- RODRÍGUEZ GARCÍA, P. L. (2006). *Educación Física y Salud en Primaria.* INDE. Barcelona.
- ROMERO CEREZO, C y CEPERO, M. (2002). *Bases teóricas para la formación del maestro especialista en educación física.* Grupo Editorial Universitario. Granada.
- SÁENZ-LÓPEZ, P. (2002). *La Educación Física y su Didáctica.* Wanceulen. Sevilla.
- SÁNCHEZ GARRIDO, D. y CÓRDOBA, E. (2010). *Manual docente para la autoformación en competencias básicas.* C.E.J.A. Málaga.
- SARRAMONA, J. (2004). *Las competencias básicas en la Educación Obligatoria.* CEAC. Barcelona.
- TORREBADELLA, X. (2013). *Gimnástica y educación física en la sociedad española de la primera mitad de siglo XIX.* U. de Lleida.
- VELÁZQUEZ, A. y MARTÍNEZ, A. (2005). *Desarrollo de las habilidades a través de materiales alternativos.* Wanceulen. Sevilla.
- VICIANA, J. (2002). *Planificar en Educación Física.* INDE. Barcelona.
- VIZUETE, M. (2002). *Euroeducación física: encuentro de culturas.* En Díaz, A. Rodríguez, P. y Moreno, J. Actas del III Congreso Internacional de Educación Física e Interculturalidad (CD. Rom). Consejería Educación y Cultura. Cartagena.
- ZABALA, A, y ARNAU, L. (2007). *11 ideas clave. Cómo aprender y enseñar competencias.* Graó. Barcelona.
- ZAGALAZ, M. L. (2001). *Bases teóricas de la Educación Física y el Deporte.* U. de Jaén. Jaén.
- ZAGALAZ, Mª L.; CACHÓN, J.; LARA, A. (2014). *Fundamentos de la programación de Educación Física en Primaria.* Síntesis. Madrid.

**WEBGRAFÍA** (Consulta en junio de 2016).

http://www.agrega2.es
http://recursos.cnice.mec.es/edfisica/
http://www.ite.educacion.es/es/recursos
http://www.educarm.es/admin/recursosEducativos#nogo
www.juntadeandalucia.es/educacion/descargasrecursos/curriculo-primaria/index.html
http://www.gobiernodecanarias.org/educacion/webdgoie/
http://www.educarex.es/web/guest/apoyo-a-la-docencia
http://www.catedu.es/webcatedu/index.php/recursosdidacticos
http://www.adideandalucia.es

www.ingramcontent.com/pod-product-compliance
Lightning Source LLC
Chambersburg PA
CBHW080457170426
43196CB00016B/2843